Petra Kunze

Die schönsten Zappelfingerspiele

Spielideen, Lieder und Reime

Illustriert von Norbert Pautner

Inhalt

Allerlei Zappelfingergeschichten

Zappelfinger spielen und zählen

Vorwort

Fingerspiele faszinieren kleine Kinder viele Jahre lang. Wenn die Hand der Eltern zum Spielzeug wird und lustige Lieder singt oder zu rhythmischen Reimen tanzt, sind Babys sowie Kindergartenkinder glücklich und zufrieden. Deshalb kommen Fingerspiele auch nie aus der Mode. Viele werden von Generation zu Generation weitergegeben, andere entspringen einem spontanen Einfall von Eltern oder Kind.

Mit unserem Buch möchten wir Ihnen neben einigen echten Klassikern auch neue Spielideen vorstellen, die Sie mit wenig Aufwand gemeinsam mit Ihrem Kind nachmachen können. Bestimmt kommen Ihnen die meisten Melodien zu den Liedern aus Ihrer eigenen Kinderzeit bekannt vor. Sie müssen also keine Gesangsausbildung absolvieren, um mit Ihrem Kind die Lieder dieses Buchs zu singen. Lassen Sie sich zu eigenen Ideen inspirieren, und entwickeln Sie neue Strophen und Reime.

Für bleibende Kindheitserinnerungen sorgen hübsche selbstgebastelte oder -gestrickte Püppchen. Wir haben dafür einfache Bastel- und Strickanleitungen entwickelt, die Sie nach Belieben verändern und variieren können.

Sie können Fingerspiele eigentlich überall und zu jeder Zeit machen: im Auto, im Wartezimmer beim Arzt, zu Hause vor dem Schlafengehen, denn: Sie haben Ihre Finger ja immer dabei – und Ihr Kind seine auch.

Neue Spiele können Sie Ihrem Kind erst einmal vorspielen, bevor es versucht, sie mitzumachen. Beschränken Sie sich ruhig auf ein, zwei Spiele, die Sie so lange immer mal wieder spielen, bis Ihr Kind sie gut kennt und sein Interesse daran nachlässt. Das ist ein günstiger Moment für ein neues Spiel.

Von den beiden anderen »Zappelfinger«-Büchern wissen wir, dass kleinere Kinder große Freude daran haben, das Buch einfach nur durchzublättern und die lustigen Zeichnungen zu betrachten. Oft setzt das die Phantasie frei, und das Kind erfindet eine kleine Geschichte zu einem Bild.

Größere Kinder können Sie dazu animieren, selbst weitere Verse zu dichten, ein Lied mit einem Instrument zu begleiten – etwa einer selbstgebauten Trommel – oder eigene Fingerpuppen mit Ihnen zu basteln.

Das Schöne ist: Beim Spiel mit den Fingern entsteht viel Nähe zwischen Kind und Eltern. Neben dem sprachlichen Austausch schafft die spielerische Interaktion Vertrautheit und Geborgenheit. Die dabei gesprochenen rhythmischen Verse und gesungenen Lieder sorgen zudem für eine Einheit von Bewegung und Sprache. Nicht zuletzt wird die Koordination von Augen und Händen gefördert. Fingerspiele unterstützen die Entwicklung von Babys und Kleinkindern also in idealer Weise.

Wir wünschen Ihnen und Ihrem Kind viel Freude beim Spielen!

Petra Kunze & Norbert Pautner

Ich und meine Fingerfamilie

Das bin ich!

Stricken Sie doch Ihrem Kind ein einfaches Fingerpüppchen – Mädchen oder Junge – mit dem es viele Spiele in diesem Büchlein spielen kann!

Sie brauchen:

- Wollreste (farbig für den Körper und die Haare, weiß oder beige für das Gesicht)
- Watte
- Braunes, schwarzes und rotes Stickgarn
- Nähgarn
- Evtl. 2 kleine dunkle und 1 rote Perle
- Schere, Nadelspiel, Sticknadel, Nadel

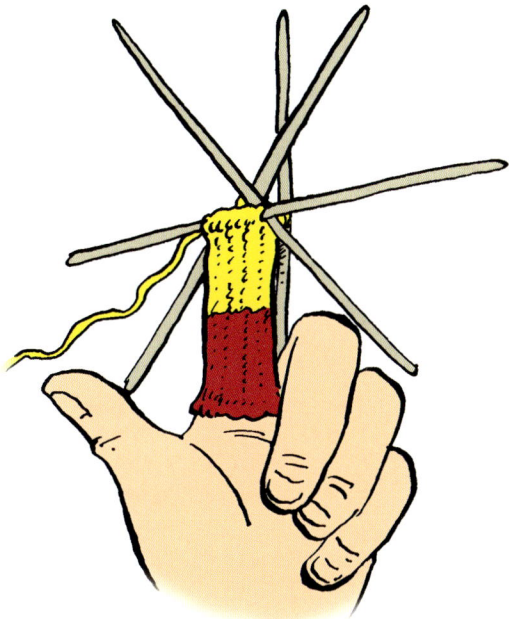

Anschließend mit der Gesichtsfarbe 4 cm glatt rechts stricken. Dann so lange zwei Maschen zusammenstricken, bis nur noch eine Masche übrig bleibt. Durch diese den Faden ziehen und innen vernähen.

Mit dem Nadelspiel 18 Maschen mit einer farbigen Wolle anschlagen, gleichmäßig auf dem Nadelspiel verteilen und im Perlmuster (1 links, 1 rechts) oder glatt rechts 7 cm in Runden stricken – dabei können Sie auch unterschiedliche Farben verwenden.

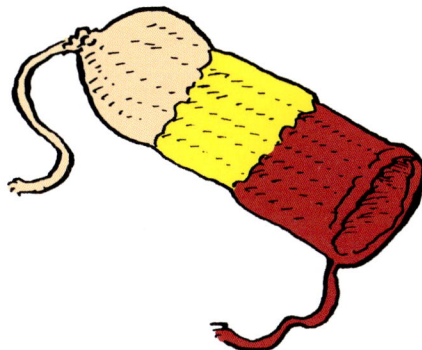

Den Kopf mit Watte ausstopfen, darunter abbinden oder abnähen. Für die Haare Wollfäden auf den Kopf nähen, je nach Farbe und Frisur Ihres Kindes blonde (= gelbe), braune, rote oder schwarze, lange oder kurze. Die Augen mit schwarzem Stickgarn aufsticken oder alternativ zwei kleine dunkle Perlen aufnähen. Den Mund mit rotem, die Augenbrauen mit braunem Garn aufsticken. Als Nase einen kleinen »Knödel« mit rotem Garn sticken oder eine rote Perle aufnähen.

Den Finger in das Püppchen stecken – das denselben Namen trägt wie Ihr Kind – und Ihrem Kind mit dem folgenden Vers überreichen:

Das bin ich – erkennst du mich?

Aber nein, das bist ja du – nanu!
Der/die Kleine sieht ja aus wie du!
Dann soll es jetzt dein Püppchen sein
oder dein kleines Brüderlein/Schwesterlein.

Halten Sie das Püppchen neben Ihren Kopf.
Den Kopf schütteln und es neben den Kopf Ihres Kindes halten.

Das ist der Daumen

Das ist der Daumen,
der schüttelt die Pflaumen,
der hebt sie auf,
der trägt sie nach Haus,
und der kleine Wuzibuzi,
der isst sie alle auf!

Den Daumen des Kindes nehmen und wackeln,

den Zeigefinger wackeln,
den Mittelfinger wackeln,
den Ringfinger wackeln,
den kleinen Finger wackeln und die ganze Hand
mit Ihrer eigenen Hand »verschlingen«.

Familie Finger

Ihr Kind ballt die Finger zur Faust.
Daumen des Kindes geht hoch,
Zeigefinger geht hoch,
Mittelfinger geht hoch,
Ringfinger geht hoch,
kleiner Finger geht hoch,
mit den Fingern wackeln.

Das ist die Mama lieb und gut.
Das ist der Vater mit dem frohen Mut.
Das ist der Bruder, Bruder mein.
Das wird wohl die Schwester sein.
Das ist das Kindelein, Kindelein klein –
immer soll'n sie zusammen sein!

Variante

Das ist der Papa, der heißt Knut.
Das ist die Mama mit dem schicken Hut.
Das ist der Opa mit der Brille.
Das ist die Oma, mit Namen Sibylle.
Das ist das Kindelein, noch ganz klein –
immer soll'n sie zusammen sein!

Der kleine Schelm

Der ist ins Wasser gefallen,
der hat ihn herausgeholt,
der hat ihn ins Bett gelegt,
der hat ihn zugedeckt,
und der kleine Schelm da
hat ihn wieder aufgeweckt!

Den Daumen des Kindes nehmen und wackeln,
den Zeigefinger wackeln,
den Mittelfinger wackeln,
den Ringfinger wackeln,
den kleinen Finger wackeln.

Statt der Finger dürfen Sie auch ruhig einmal die kleinen Zehen wackeln lassen! Wie wär's außerdem mit einer Variante auf Tirolerisch?

Der is' in Bach einig'falln,
der hat ihn ausazogn,
der hat ihn heimbracht,
der hat ihn trockeng'legt,
und der hat's da Mama dazählt!

Kommt ein Engel geflogen

Ihrem kleinen Engel können Sie einen Schutzengel basteln, mit dem Sie Ihr Kind abends ins Bett bringen.

Sie brauchen:

- Etwa 12 x 12 cm großen Stoffrest
- Goldfarbene Pappe oder Goldpapier
- Geschenkband
- Pailletten oder schöne Knöpfe
- Nähgarn
- Kleber
- Schere, Nadel

Den Stoffrest um den Finger wickeln und vorsichtig abheben. Die oberen 3 cm mit einem schönen Band abbinden – das reicht, um die Form zu halten.

Auf den Bauch Pailletten aufkleben oder edle Knöpfe aufnähen.

Zum Schluss aus goldfarbener Pappe oder Goldpapier Flügel ausschneiden und am Rücken des Engels annähen.

Singen Sie Ihrem Kind damit doch einmal eine Variante des Liedes »Kommt ein Vogel geflogen« vor:

Kommt ein Engel geflogen

Kommt ein En - gel ge - flo - gen, setzt sich

nie - der auf mein' Fuß. Hat für mich ei - ne

Bot - schaft: von der Ma - ma* ein'n Kuss.

* oder: »von dem Papa«

Fünf tanzende Zehen

Ich bin der große Zeh,
tanz meistens so – juchhe!

Mit dem großen Zeh wackeln.

Ich bin der Zeh Balu
und tanze immerzu.

**Versuchen, mit dem zweiten Zeh
zu wackeln.**

Ich bin der Zeh Jan-Pit,
ich tanze gerne mit.

Ich bin der Zeh Miró,
und tanzen kann ich so.

Ich bin der Zeh Klein-Till,
kann tanzen wie ich will.

Da kommt ein großes Kind,
und weg sind wir geschwind!

**Versuchen, mit dem dritten Zeh
zu wackeln.**

**Versuchen, mit dem vierten Zeh
zu wackeln.**

**Versuchen, mit dem kleinen Zeh
zu wackeln.**

**Fuß ganz schnell unter der Decke
verstecken.**

Die Unzertrennlichen

Das ist der Daumen, rund und klein.
Der Nächste hier ist auch nicht allein.
Der Lange da spricht schon Latein.
Ein Ring steckt an seinem Schwesterlein.
Der Kleine ist unser Sonnenschein –
das soll meine Fingerfamilie sein.

Die Finger mit einem abwaschbaren Stift (z. B. Kajal) mit lustigen Gesichtern bemalen und nacheinander zeigen.

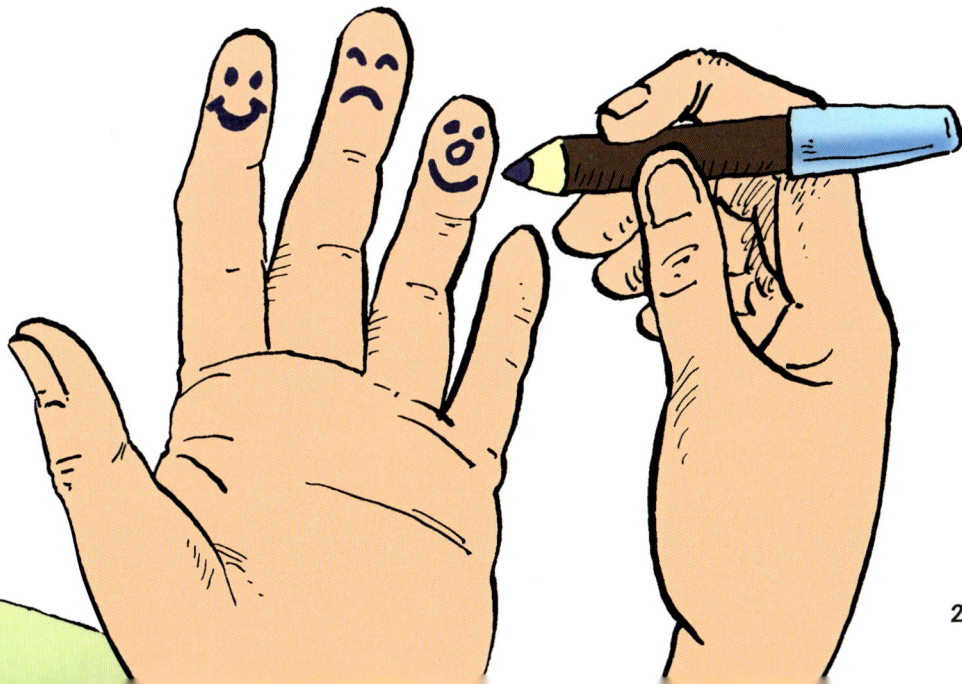

Gesicht-Entdecker

Ist das ein Knopf?
Nein, nein, dein Kopf!

Ist das ein Bund?
Nein, nein, dein Mund!

Ist das ein Rohr?
Nein, nein, dein Ohr!

Ist das eine Blase?
Nein, nein, deine Nase!

Ist das eine Traube?
Nein, nein, dein Auge!

Klopf, klopf, mach auf,
und lass mich rein!
Wir wollen gute Freunde sein!

Auf die benannten Stellen am Kopf des Kindes deuten, am Ende leicht auf die Stirn klopfen.

Lustige
Tierfinger

Rabe, Schmetterling & Co.

Welches Kind hat nicht großen Spaß an herzigen Tierfingerpüppchen?

Sie brauchen:

- Filzreste in unterschiedlichen Farben
- Evtl. Nähgarn in der Farbe des Filzes
- Kulleraugen zum Aufkleben
- Kleber
- Stift, Lineal, Schere, evtl. Nadel

Für den **Schmetterling** zusätzlich:

- Pailletten, Pfeifenreiniger und 2 kleine Perlen

Für einen **Raben** zwei Körperteile aus schwarzem Filz schneiden, etwa 5 cm breit und 9 cm hoch, und oben für den Kopf abrunden. Für die beiden Flügel ein 4 x 4 cm großes Quadrat ausschneiden, diagonal in zwei Dreiecke teilen und an jeweils einer Seite Wellen schneiden. Die Flügel zwischen Vorder- und Rückteil des Körpers legen und das Püppchen am Rand zunähen oder -kleben. Ein Finger sollte noch reinpassen! Mit Schnabel und Kulleraugen ist der Rabe perfekt.

Auf diese Art gelingen auch viele andere Tiere:

Z. B. ein **Elefant** mit zwei großen Segelohren aus Halbkreisen – diese wieder zwischen Vorder- und Rückteil des Körpers einlegen und am Rand entlang nähen oder kleben. Den typischen schmalen Rüssel ebenfalls aus Filz ausschneiden und vorne aufkleben. Kulleraugen sollten nicht fehlen!

Für einen **Schmetterling** den Körper wie den des Raben arbeiten und beide Teile am Rand zusammenkleben oder -nähen. Zwei große Flügel in unterschiedlichen Farben ausschneiden, mit Pailletten bekleben und die Flügel auf dem Rücken befestigen. Aus einem Pfeifenreiniger die Fühler biegen, an den Enden durch Perlen stecken und am Kopf annähen bzw. festkleben – und die lustigen Kulleraugen nicht vergessen!

Mit dem Schmetterling können Sie prima das folgende Lied singen:

Der Schmetterling

Schau, wie der Schmet - ter - ling flat - tert und fliegt,

bunt wie die Blu - me, auf der er sich wiegt.

Freut sich des Le - bens, so schuld - los und rein

wie ein En - ge - lein _____ .

Schau, wie er tanzt
in dem goldenen Licht!
Willst du ihn fangen?
Das tu besser nicht!
Er ist so zierlich,
zerbrechlich und fein
wie ein Engelein.

Alle meine Finger klein

Alle meine Finger klein
sollen jetzt mal Tiere sein:

Dieser Daumen, dick und rund,
ist ein kleiner, frecher Hund:
wau, wau.

Der Zeigefinger eine Katze,
kann hau'n mit ihrer kleinen Tatze:
miez, miez.

Der Mittelfinger ist die Kuh,
hat mit dir ein Rendezvous:
muh, muh.

Der Ringfinger, der ist das Schwein,
läuft immer fröhlich querfeldein:
quiek, quiek.

Der kleine Finger – eiderdaus,
ist eine kleine, freche Maus:
biep, biep.

Die Finger mit einem abwaschbaren Stift (z. B. Kajal oder Schminkstift) mit den Tiergesichtern bemalen und nacheinander zeigen.

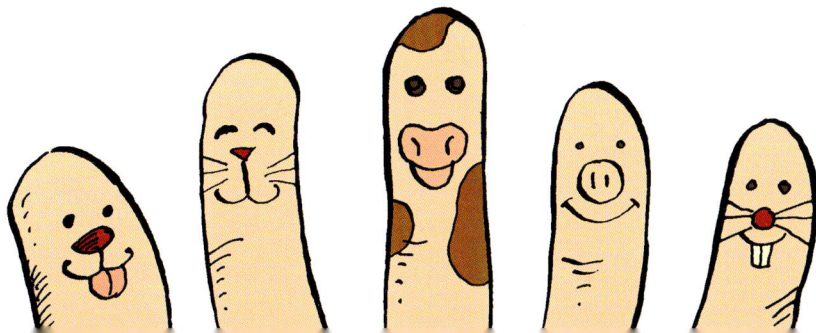

Kommt ein Vogel angeflogen

Kommt ein Vogel angeflogen,

hoch, ganz hoch in weitem Bogen.
Fliegt sachte dann zur Erde nieder,
kreist noch einmal auf und nieder.
Breitet seine Flügel aus
und landet auf der kleinen Maus.

Mit den Händen einen fliegenden
Vogel simulieren,
der hoch angeflogen kommt,
etwas absinkt,
langsam über dem Kind kreist

und auf dessen Bauch landet.

Sie können bei diesem Vers auch ein Schattenspiel veranstalten. Leuchten Sie dazu mit einer großen Stehlampe in einem dunklen Zimmer an eine weiße Wand oder an ein Laken. Zwischen Lampe und Wand/Laken lassen Sie dann mit Ihren Händen den Vogel fliegen und kreisen.

Variante:

Für ein Schattenspiel mit einem Hasen machen Sie eine Faust und heben Zeige- und Mittelfinger in unterschiedlichen Positionen als Ohren hoch.

Für ein Schattenspiel mit einer Schnecke machen Sie ebenfalls eine Faust und heben Zeige- und Mittelfinger als Fühler nach oben. Die andere Hand wird auch zur Faust geballt und als Schneckenhaus auf den Handrücken gelegt.

Bestimmt fallen Ihnen und Ihrem Kind spannende Geschichten ein, die Vogel, Hase und Schnecke erleben können!

Das Krabbeltier

Das Krabbeltier, das Krabbeltier –
was will das Tier denn bloß von dir?

Dich packen,
dich zwacken,
dich locken,
dich schocken,
dich zwicken,
dich picken,
dich knuffen,
dich puffen.

Das Krabbeltier, das Krabbeltier –
das schnapp ich mir!

**Eine Hand ist das fünfbeinige Krabbeltier und krabbelt über Arme und Beine,
Rücken und Bauch. Es zwackt und packt etc., ganz sanft natürlich, und treibt
Unsinn, bis es von der anderen Hand gefangen wird.**

Auf Safari

Sie brauchen:
- Etwa 20 x 20 cm großen gelben oder beigen Stoffrest
- Watte
- Braune Zauberwatte oder braune Wollfäden
- Nähgarn
- Schwarzen Filzstift
- Evtl. Kleber
- Schere, Nadel

Dieser Löwe sieht zwar wild aus, ist aber eigentlich ganz zahm …

Den Kopf des Löwen am Kinn mit dem Stoff zusammennähen. Ein Löwengesicht aufmalen und rund um den Kopf die Mähne aus brauner Zauberwatte oder aus braunen Wollfäden ankleben bzw. annähen.

Den selbstgemachten Löwen in die eine Hand nehmen, drei Finger der anderen Hand mit Gesichtern bemalen und einen Safari-Hut aufsetzen, z. B. aus dem Käppchen einer Eichelfrucht, die Sie im Wald sammeln können.

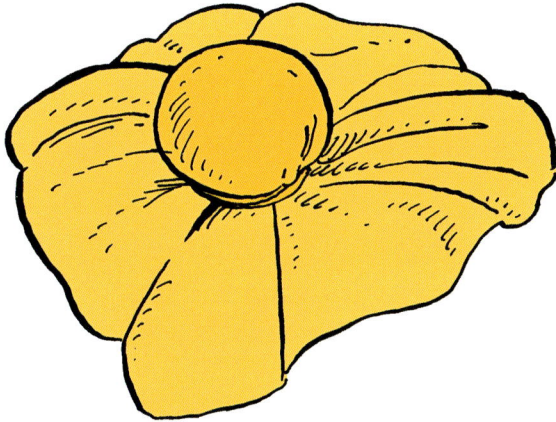

Den Stoffrest in der Mitte mit dem Näh-garn abbinden, so dass ein Kopf ent-steht. Diesen mit Watte füllen und seit-lich leicht platt drücken. Den Stoff hinten zusammenraffen, damit er sich locker über den Finger streifen lässt, und das Geraffte festnähen.

Damit lässt sich nun wunderbar das folgende Spiel spielen:

Drei Männer auf Safari geh'n,
um Abenteuer zu besteh'n.
Gemeinsam starke Löwen jagen,
nach Hause bringen in ihrem Wagen.
Doch als ein Löwe springt hervor,
vergeht den dreien der Humor.
Sie sind urplötzlich auf der Hut,
's verlässt sie fast ihr ganzer Mut.
Verstecken sich schnell hinterm Strauch
und legen sich flach auf den Bauch.

Die drei Fingermännchen bewegen sich fort.

Plötzlich springt der Löwe auf der anderen Hand hervor.

Die drei Männchen verstecken sich auf dem Bauch liegend unter dem Tisch oder einer Decke.

Der schlaue Löwe sieht sie gleich
und spielt den Männern einen Streich.
Er schleicht sich an ganz leise,
neckt sie auf seine Weise:
Zeigt seine großen Zähne,
und mit der weichen Mähne
kitzelt, herzt, liebkost er sie.
Wählt dann 'ne neue Strategie:
Es springt der Löwenmann
zu dir – so schnell er kann!

Der Löwe pirscht sich von hinten heran …

… und kitzelt die Fingermännchen.

Der Löwe springt zum Kind.

Vogelhochzeit

Es flogen zwei große Vögel
gemeinsam übers Meer.
Sie wollten Hochzeit halten
und freuten sich schon sehr.
Da fanden sie ein schönes Nest   **Auf dem Kopf des Kindes landen.**
für ihr großes Hochzeitsfest.
Die Vögel machten sich's gemütlich,   **Mit den Fingern in den Haaren wühlen,**
flogen hin und flogen her,   **kurz hin und her fliegen,**
aßen gut und schliefen viel –   **schnarchen …**
und bemühten sich so sehr.

Doch auch Wochen nach der Feier
kamen keine kleinen Eier.
Also flogen sie zurück –   **… und vom Kopf des Kindes wieder**
und versuchen nächstes Jahr ihr Glück! **wegfliegen.**

Noch spannender ist es für Ihr Kind, wenn Sie auch diesen Vers als Schattenspiel inszenieren: Leuchten Sie dazu mit einer großen Stehlampe in einem dunklen Zimmer an eine weiße Wand oder an ein Laken. Überkreuzen Sie die Hände, flattern Sie mit den Fingern, und lassen Sie zwischen Lampe und Wand/Laken die Vögel »fliegen«.

Wer kommt denn da?

Erst kommt der Wurm Krabumm
und krabbelt um dich rum.

Dann kommt der freche Theodor
und zwickt dich in dein süßes Ohr.

Die Hand in eine Socke stecken und um den Arm des Kindes herum nach oben krabbeln.
Durch die Socke sanft in das Ohr zwicken.

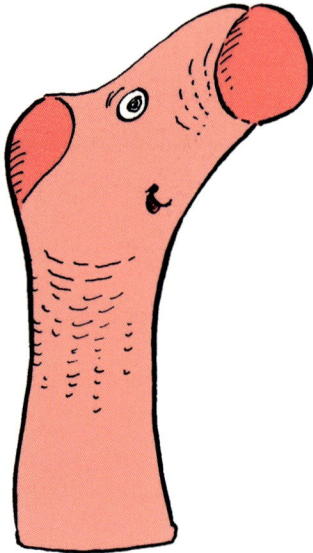

Jetzt kommt der liebe Hund
und küsst dich auf den Mund.

Nun kommt der kecke Floh,
und der macht so!

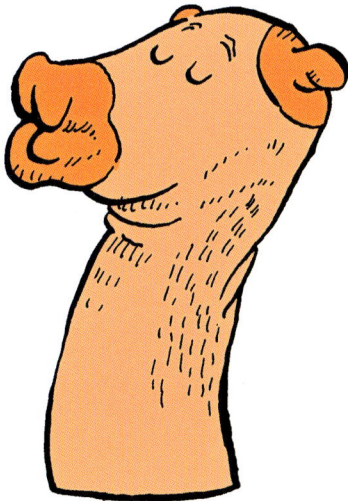

Mit den Fingerspitzen einen Kuss auf den Mund »schmatzen«.

In hohem Bogen davonhüpfen.

47

Hopp, hopp, hopp! Pferdchen lauf Galopp!

Die niedlichen Steckenpferde sind leicht selbst zu basteln.

Sie brauchen:

- Etwa 10 x 10 cm großen Tonkarton in Weiß, Schwarz und/oder Braun
- Krepppapier oder Wollfäden in den entsprechenden Farben
- Etwa 20 cm langen, abgestumpften Holzspieß oder dünnen Ast
- Schwarzen Filzstift
- Kleber
- Schere

Die Pappe in der Mitte falten und doppelt legen. Dann einen Pferdekopf aufzeichnen – die Knickkante bildet dabei die gerade, obere Halskante. Den Kopf doppelt ausschneiden, das »Steckchen«, also den Holzspieß oder Ast, innen an die Knickkante legen und die beiden Blätter zukleben. Mit einem schwarzen Stift Augen, Mund und Nüstern auf beide Seiten aufmalen.

Für die Mähne mehrere Streifen Krepppapier oder Wollfäden (ca. 5 cm lang) ausschneiden und am oberen Ende mit einem Pünktchen an der Knickkante auf den Hals aufkleben, so dass rechts und links von der Knickkante gleich lange Mähnenfransen herabhängen. Sie können auch Zügel aus Wolle am Kopf befestigen.

Zum Steckenpferdchen passt – natürlich – dieser Klassiker:

Hopp, hopp, hopp! Pferdchen lauf Galopp!

Hopp, hopp, hopp! Pferd - chen lauf Ga - lopp!

Ü - ber Stock und ü - ber Stei - ne, a - ber brich dir nicht die Bei - ne.

Im - mer im Ga - lopp! Hopp, hopp, hopp, hopp, hopp!

Tipp, tipp, tapp!
Wirf mich ja nicht ab!
Zähme deine wilden Triebe,
Pferdchen, tu es mir zuliebe.
Wirf mich ja nicht ab!
Tipp, tipp, tipp, tipp, tapp!

Brr, brr, he!
Steh, mein Pferdchen, steh!
Sollst noch heute weiterspringen,
muss dir nur erst Futter bringen.
Steh doch, Pferdchen, steh!
Brr, brr, brr, brr, he!

Allerlei Zappelfingergeschichten

Dort oben auf des Fingers Spitze

Dort oben auf des Fingers Spitze
sitzt ein Kind mit seiner Mütze.
Wackelt hin und wackelt her,
lacht ganz laut und freut sich sehr.

Reibt sich seine Hände,
klopft sich auf den Bauch,
stampft mit seinen Füßen,
klatschen kann es auch.
Greift sich an die Nase,
springt ganz wild herum;
hüpft dann wie ein Hase –
plötzlich fällt es um.

Das Fingerpüppchen von Seite 8 auf den Finger setzen, eine Mütze aus Filz oder Ähnlichem aufsetzen, hin und her wackeln. Die Bewegungen im Text gemeinsam mit dem Kind machen.

Fliegt eine Hexe auf den Baum

Die Hexe Kunigunde kann trösten, kitzeln, schlechte Laune wegzaubern … und noch vieles mehr!

Sie brauchen:

- Etwa 30 x 30 cm großen bunten Stoffrest
- Watte
- Zauberwatte oder Wollfäden
- Nähgarn
- 1 Papierperle
- 2 Kulleraugen
- 1 Pfeifenreiniger
- Stöckchen
- Kleber
- Schere, Nadel

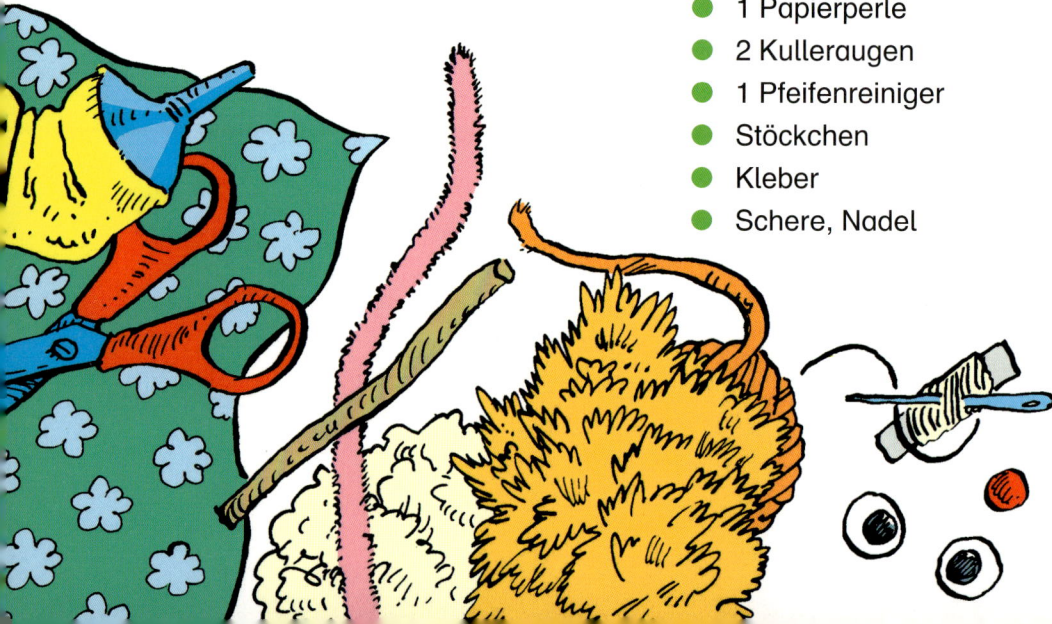

Von innen den Pfeifenreiniger quer legen und in der Mitte unter dem Kopf annähen. Die Enden schauen unter dem Kleid hervor und werden so eingedreht, dass Daumen bzw. Mittelfinger hineinpassen, der Zeigefinger steckt im Kopf. Zum Schluss das Stöckchen als Besen an das Kleid annähen. Fertig ist die Hexe Kunigunde!

In der Mitte des Stoffes einen Kreis für den Kopf abbinden und fest mit Watte ausstopfen. Jedoch nicht ganz schließen, damit der Finger noch hineingesteckt werden kann! Die Zauberwatte bzw. die Wollfäden um den Kopf herum arrangieren und festkleben bzw. -nähen, danach die Kulleraugen sowie die Perle als Nase aufkleben.

Ihren ersten (Hexen-)Einsatz hat Kunigunde bei folgendem Vers:

Fliegt eine Hexe auf den Baum,
ei so hoch, man sieht sie kaum.

Fliegt von Ast zu Ästchen,
bis zum Vogelnestchen.

Ei, da lacht sie,
ei, da kracht sie,
plumps, da liegt sie unten.

Dieser Reim ist eine Variante des bekannten Klassikers:

Steigt ein Büblein auf den Baum,
ei so hoch, man sieht es kaum.
Steigt von Ast zu Ästchen,
bis zum Vogelnestchen.
Ei, da lacht es,
ei, da kracht es,
plumps, da liegt es unten.

Sie können das »Büblein« auch noch durch andere Figuren ersetzen: Mädlein, Äffchen, Mäuslein, den Namen Ihres Kindes … Außerdem lässt sich hier auch wunderbar das Fingerpüppchen von Seite 8 einsetzen.

Kommt ein Mann

Kommt ein Mann die Treppe rauf,

Mit Zeige- und Mittelfinger den Arm bis zur Schulter des Kindes hochwandern,

klopft an,

sanft an seine Stirn klopfen,

bimbam,

am Ohrläppchen »läuten«

guten Tag, Frau/Herr Nasenmann!

und zur Begrüßung die Nasenspitze anstupsen.

Schiffstour

Auf der Elbe (Donau, Isar …)
fahren Schiffe,
kleine, große, hin und her –
und die allerallergrößten
fahren bis aufs weite Meer.

Auf der Nordsee (Ostsee)
fahren Schiffe,
kleine, große, hin und her –
und die allerallergrößten
fahren übers weite Meer …
… zu dir!

Mit dem Zeigefinger auf dem Handrücken des Kindes hin und her fahren. Am Ende auf den Bauch des Kindes »segeln«.

Himpelchen und Pimpelchen

Himpelchen und Pimpelchen
stiegen auf einen Berg.

Himpelchen war ein Heinzelmann
und Pimpelchen ein Zwerg.

Sie blieben lange da oben sitzen
und wackelten mit den Zipfelmützen.

Doch nach fünfundzwanzig Wochen
sind sie in den Berg gekrochen.
Schnarchen da in guter Ruh.
Seid mal still, und hört ihnen zu:
Krr – krr – krr.

Zwei Finger in Zwerge verwandeln mit aufgemaltem Gesicht und rotem Zwergenhut (aus Filz o. Ä.), den Arm des Kindes hochwandern und auf seinen Schultern ausruhen.

Eine kleine Dickmadam

Mit einem abwaschbaren Stift (z. B. Kajal) eine kleine Dickmadam auf den Handrücken malen. Gegebenenfalls mit einem Stück Stoff und einem Haushaltsgummi einen Hut basteln. Mit der Hand dann an der Tischkante oder der Bettkante entlangfahren und dazu sprechen und Zuggeräusche machen. Beim »Plumps« fällt die Hand nach unten.

Eine kleine Dickmadam
fuhr mal mit der Eisenbahn.
Eisenbahn, die krachte,
Dickmadam, die lachte.
Ei, da kracht es, ei, da lacht es,
plumps, da fällt sie runter.

Die Bremer Stadtmusikanten

Wir sind die wohl-be-kann-ten lus-ti-gen Bre-mer Stadt-mu-si-kan-ten!

Mu - si - zie - ren und mar - schie - ren in die gro - ße Stadt hin - ein,

denn in Bre - men soll das Le - ben lus - tig sein. I-

ah, wau-wau, i - ah, wau-wau, mi - au, ki - kri - ki!

Esel:

Wir sind die wohlbekannten
lustigen Bremer Stadtmusikanten!
Muss mich plagen, Säcke tragen
und darf niemals müßig sein,
doch in Bremen
soll das Leben lustig sein.
I-ah, wau-wau, i-ah,
wau-wau, miau, kikriki!

Hund:

Wir sind die wohlbekannten
lustigen Bremer Stadtmusikanten!
Muss stets bellen, Räuber stellen
und darf niemals schläfrig sein,
doch in Bremen
soll das Leben lustig sein.
I-ah, wau-wau, i-ah,
wau-wau, miau, kikriki!

Katze:
Wir sind die wohlbekannten
lustigen Bremer Stadtmusikanten!
Muss mich plagen, Mäuse jagen,
wären sie auch noch so klein,
doch in Bremen
soll das Leben lustig sein.
I-ah, wau-wau, i-ah,
wau-wau, miau, kikriki!

Hahn:
Wir sind die wohlbekannten
lustigen Bremer Stadtmusikanten!
Muss mich schinden und verkünden
schon den ersten Sonnenschein,
doch in Bremen
soll das Leben lustig sein.
I-ah, wau-wau, i-ah,
wau-wau, miau, kikriki!

Die Finger mit Schminkstiften als Stadtmusikanten anmalen, also als Esel, Hund, Katze und Hahn. Oder mit gebastelten Fingertieren spielen (siehe Anregungen auf Seite 30).

Zappelfinger
spielen und zählen

Fünf kommen an

Es kommen fünf Matrosen,
die wollen dich liebkosen:
ei, ei, ei, ei!
Es kommen vier Matrosen ...
Es kommen drei Matrosen ...
Es kommen zwei Matrosen ...
Es kommt ein Leichtmatrose,
der macht gleich in die Hose.

Es kommen 5 (4, 3, 2) Giraffen,
die wollen dich begaffen:
guck, guck, guck, guck!
Es kommt eine Baby-Giraffe,
die macht noch kein Gegaffe.

Es kommen 5 (4, 3, 2) kleine Kinder,
die machen wie die Rinder:
muh, muh, muh, muh!
Es kommt ein kleines Kind,
das geht ins Bett geschwind!

Zuerst mit allen fünf Fingern am Kind hochkrabbeln. Bei jeder neuen Zeile einen Finger weniger nehmen und hochkrabbeln. Beim letzten Vers der letzten Strophe das Fingerpüppchen von Seite 8 nehmen und neben Ihr Kind legen.

Regen, Regen, Tröpfchen

Regen, Regen, Tröpfchen,

es regnet mir aufs Köpfchen.

Es regnet aus dem Wolkenfass,

meine Haare werden nass.

Alle Gräslein sagen Dank

für den nassen Himmelstrank.

Mit den Fingerspitzen auf den Tisch trommeln,
die Hände wie ein Dach über den Kopf halten,
mit beiden Armen ein Fass bilden,
mit den Händen die Haare glatt streichen,
die zehn Finger nach oben spreizen
und in die Hände klatschen.

Alle Vögel fliegen hoch!

Setzen Sie sich mit Ihrem Kind an einen Tisch, und trommeln Sie mit den Fingern auf die Tischplatte, während Sie sagen: »Alle Vögel fliegen ... hoch!« Beim »hoch!« reißen Sie die Arme in die Luft. Im Verlauf des Spiels setzen Sie statt »Vögel« allerlei andere Begriffe ein. Ihr Kind muss der Armbewegung folgen, wenn das, was Sie sagen, auch stimmt, also wenn Sie andere »Flugobjekte« wie Hubschrauber, Drachen, Bienen etc. nennen. Spielen Sie so lange, bis Ihr Kind einen Fehler macht und die Hände z. B. bei »Alle Autos fliegen hoch!« oder »Alle Elefanten fliegen hoch!« hebt. Nun versucht Ihr Kind, Sie aufs Glatteis zu führen. Das Spiel macht mit mehreren Mitspielern besonders viel Spaß und eignet sich daher gut für einen Kindergeburtstag.

Gewitter, Gewitter

Es nieselt,
es regnet,
es gießt,
es hagelt,
es blitzt,

es donnert.

Der Regen
prasselt nieder –
morgen scheint
die Sonne wieder!

Mit zwei Fingern jeder Hand auf den Tisch klopfen,
mit vier Fingern auf den Tisch klopfen,
lauter klopfen,
mit den Knöcheln noch lauter klopfen,
den Blitz in die Luft malen und dazu Blitz-
geräusche machen,
mit den Fäusten auf den Tisch klopfen und
in die Hände klatschen,
aufstehen und mit den Armen auf und nieder gehen

und einen großen Kreis in die Luft malen.

Kunterbunte Zappelfinger

Blau-er, blau-er Fin-ger-hut steht dem Fin-ger gar so gut.

Fin-ger, du musst hüp-fen, in das Loch rein-schlüp-fen!

Fin-ger, du musst stil-le steh'n und dich drei-mal rund-um dreh'n.

Roter, roter Fingerhut
steht dem Finger gar so gut.
Finger, du musst hüpfen,
in das Loch reinschlüpfen!
Finger, du musst stille steh'n
und dich dreimal rundum dreh'n.

Gelber, gelber Fingerhut
steht dem Finger gar so gut.
Finger, du musst hüpfen,
in das Loch reinschlüpfen!
Finger, du musst stille steh'n
und dich dreimal rundum dreh'n.

Grüner, grüner Fingerhut
steht dem Finger gar so gut.
Finger, du musst hüpfen,
in das Loch reinschlüpfen!
Finger, du musst stille steh'n
und dich dreimal rundum dreh'n.

Weißer, weißer Fingerhut
steht dem Finger gar so gut.
Finger, du musst hüpfen,
in das Loch reinschlüpfen!
Finger, du musst stille steh'n
und dich dreimal rundum dreh'n.

Jeweils einen Finger in eine Fingerfarbe eintauchen und bei der richtigen Strophe hochhalten, hüpfen, schlüpfen, still stehen und rundum drehen. Sie können auch bunte Fingerhüte aus dem Nähkästchen verwenden.

85

Gegensätze ziehen sich an

Das ist hoch,
und das ist tief.

**Arme des Kindes nach oben nehmen
und nach unten,**

Das ist gerade,
und das ist schief.

**Arme zur Seite wegstrecken,
einen Arm nach oben, einen nach
unten halten,**

Das ist dunkel,
und das ist hell.

**die Augen mit den Händen bedecken,
die Hände wieder wegnehmen,**

Das ist langsam,
und das ist schnell.

langsam mit den Füßen auftreten,
schneller werden,

Du bist groß,
und ich bin klein.

Kind hinstellen,
Mama/Papa duckt sich,

Wir wollen immer Freunde sein!

und beide umarmen sich.

Zehn kleine Zappelfinger

Zehn klei - ne Zap - pel - fin - ger zap - peln hin und her.

Zehn klei - nen Zap - pel - fin - gern fällt das gar nicht schwer.

Zehn kleine Zappelfinger
zappeln auf und nieder.
Zehn kleine Zappelfinger
zappeln immer wieder.

Zehn kleine Zappelfinger
zappeln rund herum.
Zehn kleine Zappelfinger
sind ja gar nicht dumm.

Zehn kleine Zappelfinger
haben sich versteckt.
Zehn kleine Zappelfinger
sind auf einmal weg.

Zehn kleine Zappelfinger
schreien laut »Hurra!«
Zehn kleine Zappelfinger
sind jetzt wieder da.

90

Fünf kleine Zappelfinger ...

Ein kleiner Zappelfinger ...

Zehn (fünf, ein) Finger (des Kindes) zappeln wild und machen zu den jeweiligen Textstellen die passenden Bewegungen. Sie verstecken sich – und am Ende schießen alle wieder in die Höhe.

Punkterechnen

Dieses Spiel ist etwas für größere Kinder: Auf die Fingerkuppen einer Hand Punkte wie auf einem Würfel malen. Dem Kind je einen Finger hochstrecken und die Punkte zählen lassen. Dann zwei Finger hochhalten und die Punkte addieren lassen. Immer andere Finger zusammenzählen lassen.

Variante für Rechenkünstler:

Auch auf die andere Hand die Würfelpunkte malen und zwei beliebige Finger hochhalten.

Ganz schwierig: drei oder mehr Finger strecken und addieren lassen.

Und noch schwieriger: Die hochgestreckten Punkte von einer Hand werden von denen der anderen Hand abgezogen.

Gemeinsamer Spaß

Wir spielen, wir spielen und fangen lustig an,
und wenn der Erste nicht mehr kann,
dann ist der Zeigefinger dran.

Wir spielen, wir spielen
und fangen lustig an,
und wenn der Zweite
nicht mehr kann,
dann ist der
Mittelfinger dran.

Wir spielen, wir spielen
und fangen lustig an,
und wenn der Dritte
nicht mehr kann,
dann ist der Ringfinger
jetzt dran.

Wir spielen, wir spielen und fangen lustig an,
und wenn der Vierte nicht mehr kann,
dann ist der kleine Finger dran.

Wir spielen, wir spielen und fangen lustig an,
und wenn der Fünfte nicht mehr kann,
dann ist der Daumen wieder dran.

Wir tanzen, wir tanzen ...

Wir singen, wir singen ...

Wir schnarchen, wir schnarchen ...

Jeden Finger nacheinander spielen und tanzen lassen bzw. die Strophen im leichten Singsang oder schnarchend vortragen.

Die Autorin

Petra Kunze hat Germanistik und verschiedene Sozial-
wissenschaften studiert und schon viele Eltern-Ratgeber
veröffentlicht. Ihre Kinder waren bei diesem Buch die
ersten kritischen – und begeisterten! – Leser und Spieler.
Petra Kunze lebt mit ihrer Familie in der Nähe von
München.

Danksagung

Ich danke meinen Kindern für die kritische Erstprüfung
aller Spiele und ihre stets spielfreudigen Finger.

Bibliografische Information der Deutschen Nationalbibliothek

Die Deutsche Nationalbibliothek verzeichnet diese
Publikation in der Deutschen Nationalbibliografie;
detaillierte bibliografische Daten sind im Internet über
http://dnb.d-nb.de abrufbar.

© 2009 Knaur Ratgeber Verlag
Ein Unternehmen der Droemerschen Verlagsanstalt
Th. Knaur Nachf. GmbH & Co. KG, München
Alle Rechte vorbehalten.

Wichtiger Hinweis

Die im Buch veröffentlichten Ratschläge wurden von
Verfasserin und Verlag mit größter Sorgfalt erarbeitet
und geprüft. Eine Garantie kann jedoch nicht über-
nommen werden. Ebenso ist eine Haftung der Verfasserin bzw. des Verlages und seiner Beauftragten für Perso-
nen-, Sach- oder Vermögensschäden ausgeschlossen.

Projektleitung und Redaktion: Katharina Harlfinger
Herstellung: Veronika Preisler
Illustrationen, Umschlaggestaltung, Layout und Satz:
Norbert Pautner, Berlin
Reproduktion: Repro Ludwig, A–Zell am See
Druck und Bindung: Offizin Andersen Nexö, Leipzig

Printed in Germany

ISBN 978-3-426-64925-1

5 4 3 2 1

Bitte besuchen Sie uns auch im Internet unter:
www.knaur-ratgeber.de